THE FOUR SEASONS

사계절

Richard Tan

Rosen
Classroom
New York

There are four seasons. They are winter, spring, summer, and fall.

네개의 계절이 있습니다. 겨울, 봄, 여름, 그리고 가을이 있어요.

During the winter, it is cold.
Sometimes it snows. I wear warm
clothes.

겨울은 추운 계절이지요. 가끔은
눈이 내기리도 해요. 나는 따뜻한
옷을 입습니다.

During the spring, it is warm.
Sometimes it rains and flowers grow.

봄은 따뜻한 계절이지요. 가끔은
비가 내리고 꽃들이 자라나요.

During the summer, it is hot.
Sometimes it is sunny and I go
swimming.

여름은 더운 계절이지요. 가끔씩
해가 쨍쨍하면 나는 수영을 하러
가요.

During the fall, it is cool. Sometimes it is windy. The leaves change color.

가을은 선선한 계절이지요. 가끔은 바람이 불기도 해요. 나뭇잎들이 색깔을 바꿉니다.

I like the four seasons—winter, spring, summer, and fall.

나는 겨울, 봄, 여름, 가을-사계절이 좋아요.

What is your favorite season?

_____

어떤 계절을 가장 좋아하나요?